Género Ficción realista

I0800828

Pregunta esencial

¿Cuáles son las diferencias entre los niños del mundo?

Intercambio cultural

Christopher Herrera
ilustrado por Laura Jacobsen

CAPÍTULO 1

La Sra. Gupta

La clase de la Sra. Gupta está sorprendida. Se preguntan por qué está vestida de ese modo.

—¡Buenos días, niños! Hoy vamos a aprender sobre las costumbres de cada uno. Yo empiezo —dice la Sra. Gupta.

—Hoy me puse un sari. Mi familia es de la India. Muchas mujeres usan saris allí. Para el desayuno, los indios comen panqueques de arroz llamados *dosas*. Traje algunas —dice la Sra. Gupta.

AHORA COMPRUEBA

¿Qué costumbres hay en la India?

CAPÍTULO 2

Darel y Akita

El día siguiente, le toca a Darel compartir una costumbre:

—Mi familia es de Australia. Allí se toca este instrumento —explica—. Mi papá gorjea como un pájaro cuando lo toca. ¡Suena raro! Pero me gusta oírlo.

La clase se pregunta cómo hacer que suene. Darel les muestra. Dice:

—Pondré un CD y podrán escuchar el sonido que produce.

"¡Genial!", piensa Alex. "Qué pena que no tengo un instrumento para compartir".

Akita le cuenta a la clase sobre su familia. Tiene parientes en Japón.

—En Año Nuevo, se regalan estos muñecos —dice Akita.

—Cuando reciben este muñeco, las personas colorean uno de los ojos —continúa Akita—. Luego, piden un deseo. Si se cumple, entonces colorean el otro ojo.

"¡Akita me ha dado una excelente idea!", piensa Alex.

AHORA COMPRUEBA

¿Qué costumbres tienen en Australia y Japón?

CAPÍTULO 3

Awo y Anton

—Yo soy de Ghana, África —dice Awo—. Allí jugamos a un juego que se llama *oware*. Usamos piedras y este tablero de madera.

—Debemos recoger todas las piedras en cierto orden —dice Awo a dos niños que elige para jugar—. El primero en hacerlo, gana.

Detective del lenguaje	¿Cuál es el infinitivo del verbo subrayado en la página 8?

—Mi padre es de Rusia —dice Anton—. Durante el Festival de Invierno, solía ir al parque con su familia. Allí, estaban rodeados de árboles muy iluminados. Mi padre y sus amigos andaban en trineo.

—Algunas personas bailaban para el público —cuenta Anton—. Vestían trajes coloridos. —Anton elige algunos niños de la clase. Les enseña a bailar una danza rusa.

AHORA COMPRUEBA

¿Qué costumbres tienen en Ghana y Rusia?

CAPÍTULO 4

Benita y Alex

Benita tiene puesto un disfraz de carnaval. Parece una sirena.

—La familia de mi madre es de Brasil. Allí, el carnaval es el festejo favorito —dice Benita.

—El año pasado, fuimos al carnaval. La gente estaba disfrazada. Formaban parte de un desfile que viaja por la ciudad —explica Benita.

Finalmente, es el turno de Alex.

—Yo soy indígena americano —cuenta Alex—. Mi abuela me regaló esta muñeca cuentacuentos. Es una mujer con muchos niños que se sientan en su regazo para oír sus relatos. Para mi gente, los relatos son importantes. Son un modo de transmitir nuestras costumbres.

Detective del lenguaje	Halla al menos una forma del verbo ser en esta página.

AHORA COMPRUEBA

¿Qué costumbre comparten Akita y Alex?

Respuesta a la lectura

Resumir

Usa detalles para resumir *Intercambio cultural.*

	Rusia	Brasil
festividad		
costumbre		

Evidencia en el texto

1. ¿Cómo sabes que *Intercambio cultural* es ficción realista? **Género**
2. ¿Cómo cambian los sentimientos de Alex? **Comparar y contrastar**
3. ¿Con qué se compara al papá de Darel en la página 4? **Símiles**
4. Escribe sobre dos costumbres de este cuento. **Escribir sobre la lectura**

Género Texto expositivo

Compara los textos
¿Qué costumbres hay en distintas partes del mundo?

Música del mundo

Darel mostró un instrumento australiano. Conozcamos instrumentos de otras partes del mundo.

Se sopla aire a través del *didgeridoo* para producir sonido.

En África, la gente toca la *kalimba*. El músico sostiene la caja de madera. Usa el pulgar para pulsar las laminillas.

La *kalimba* también se llama *marímbola*.

El *steelpan* (tambor metálico) es un instrumento común en Trinidad y Tobago. Se toca usando un par de palillos.

El *steelpan* se hace con un barril de acero.

Haz conexiones

¿Cómo podrían tocar música los niños en distintos países? **Pregunta esencial**

Repasa ambas selecciones. Nombra dos costumbres de África. **El texto y otros textos**

Enfoque:
Elementos literarios

Personajes Los personajes son las personas del cuento.

Lee y descubre Observa lo que dicen los personajes de *Intercambio cultural*. Observa lo que hacen. Esto muestra cómo son. Nota en qué se parecen y en qué se diferencian los personajes.

Tu turno

Imagina dos personajes. Pueden ser de otro país. ¿En qué se parecen? ¿En qué se diferencian? Escribe oraciones sobre tus personajes.